ROCKFORD PUBLIC LIBRARY
3 1112 018085841

D1084401

Nuestros cuerpos

Nuestros músculos

Charlotte Guillain

Heinemann Library
Chicago, Illinois

www.heinemannraintree.com
Visit our website to find out more information about Heinemann-Raintree books.

To order:
☎ Phone 888-454-2279
Visit www.heinemannraintree.com to browse our catalog and order online.

Editorial: Rebecca Rissman, Laura Knowles, Nancy Dickmann, and Sian Smith
Picture research: Ruth Blair and Mica Brancic
Designed by Joanna Hinton-Malivoire
Original Illustrations © Capstone Global Library Ltd. 2010
Illustrated by Tony Wilson
Translated into Spanish by DoubleO Publishing Services
Printed and bound in China by Leo Paper Group

14 13 12 11 10
10 9 8 7 6 5 4 3 2 1

Library of Congress Cataloging-in-Publication Data
Guillain, Charlotte.
[Our muscles. Spanish]
Nuestros músculos / Charlotte Guillain.
p. cm. -- (Nuestros cuerpos)
Includes index.
ISBN 978-1-4329-4298-4 (hb) -- ISBN 978-1-4329-4307-3 (pb)
1. Muscles--Juvenile literature. I. Title.
QP321.G9218 2011
612.7'4--dc22

2010002861

Acknowledgments
The author and publisher are grateful to the following for permission to reproduce copyright material:
© Capstone Global Library p.**8** (Karon Dubke); Corbis pp.**11** (© David Stoecklein), **20** (© Lisa B.), **22** (© John Lund/Sam Diephuis/ Blend Images); iStockphoto pp.**10**, **9** (© Alexander Yakovlev), **17** (© Rosemarie Gearhart); Photolibrary pp.**5** (© HillCreek Pictures BV), **15** (© Rafael Guerrero/Index Stock Imagery), **16** (© OJO Images), **21** (© Banana Stock); Science Photo Library p.**14** (© David Constantine); Shutterstock pp.**13** (© Mandy Godbehear), **18** (© Ostanina Ekaterina Vadimovna).

Front cover photograph of children with hoops reproduced with permission of Corbis (© Randy Faris). Back cover photograph reproduced with permission of iStockphoto.

Every effort has been made to contact copyright holders of any material reproduced in this book. Any omissions will be rectified in subsequent printings if notice is given to the publisher.

Contenido

Las partes del cuerpo

Nuestros cuerpos tienen
muchas partes.

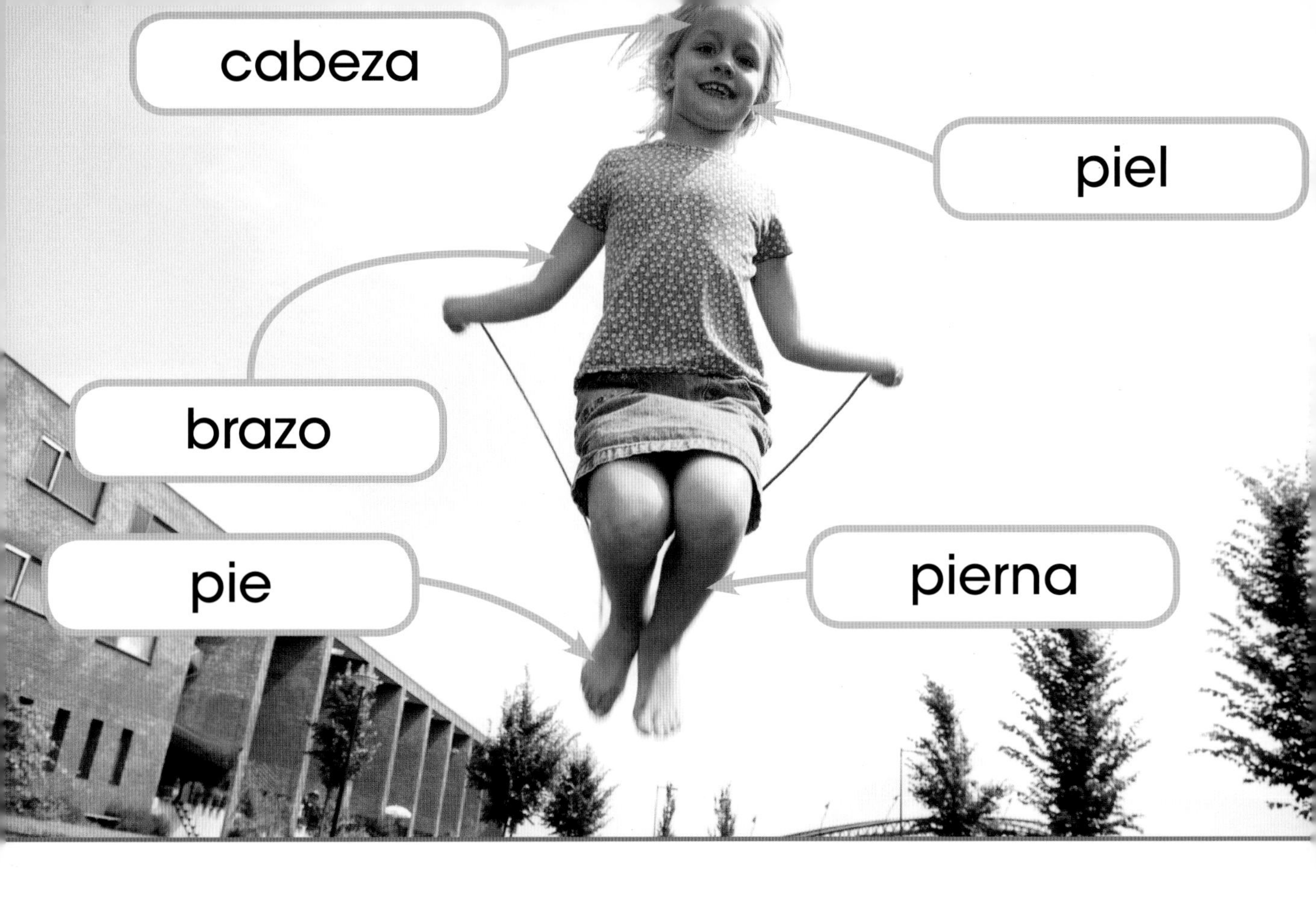

Nuestros cuerpos tienen partes
que se ven.

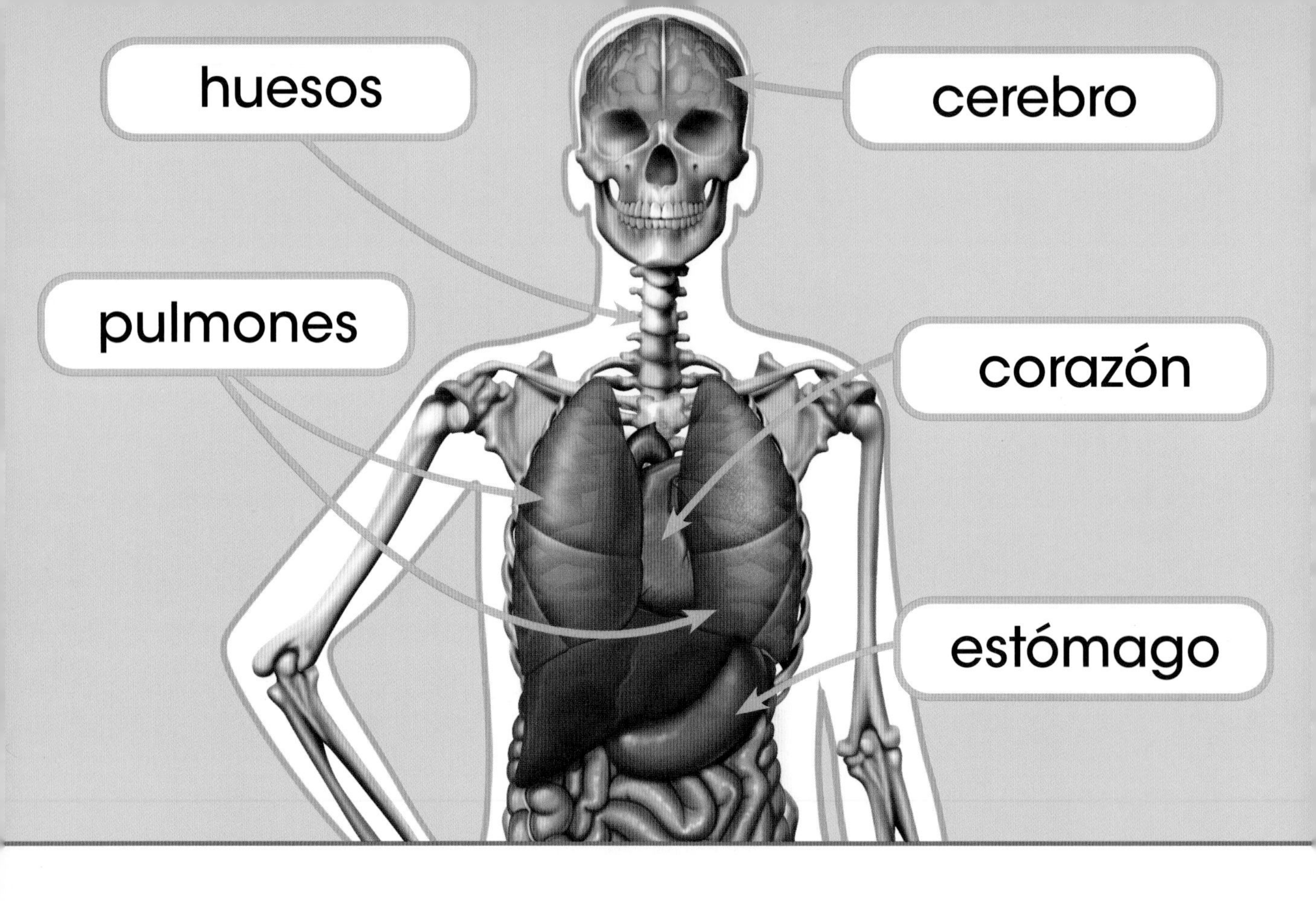

Nuestros cuerpos tienen partes que no se ven.

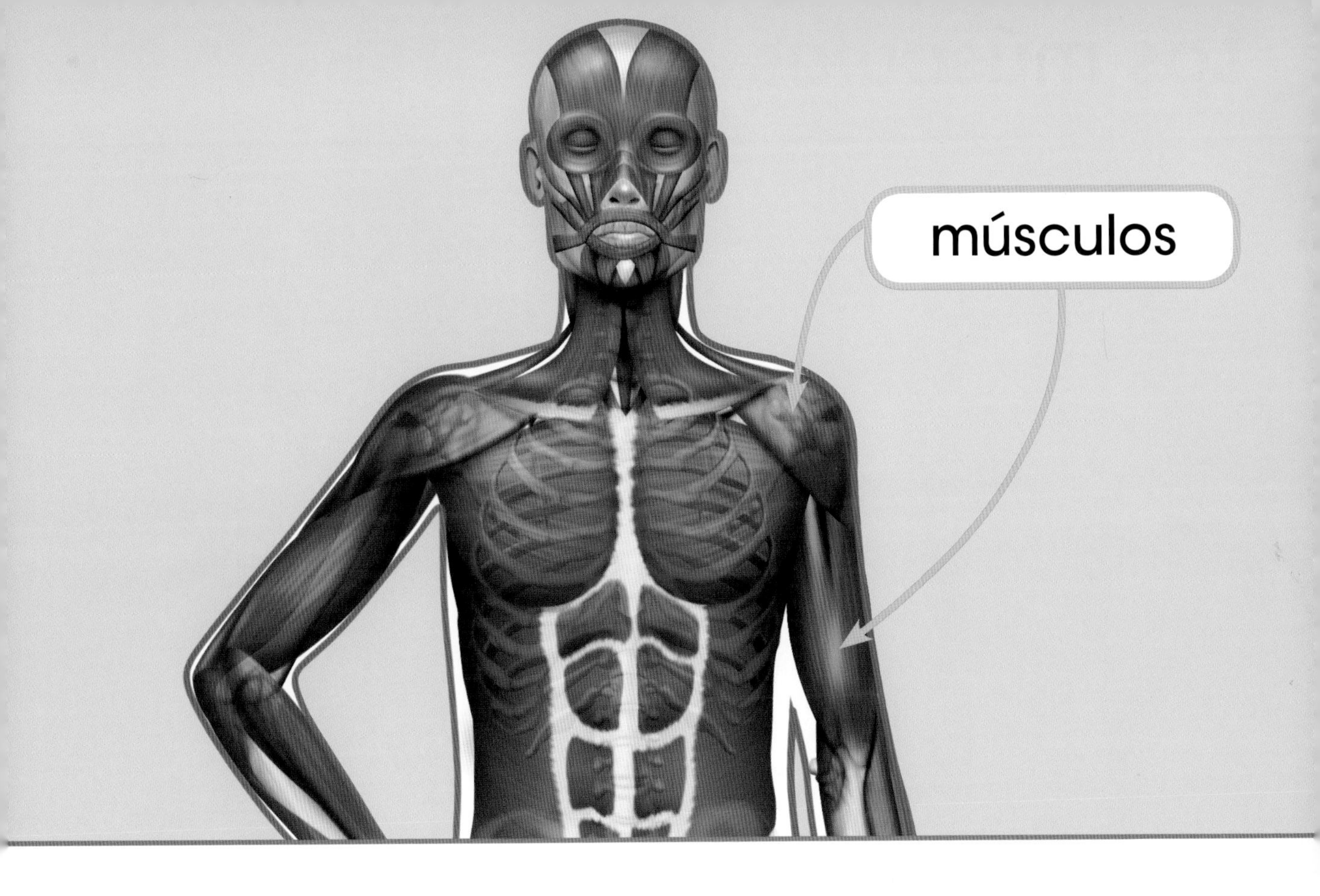

Tus músculos están dentro del cuerpo.

Los músculos

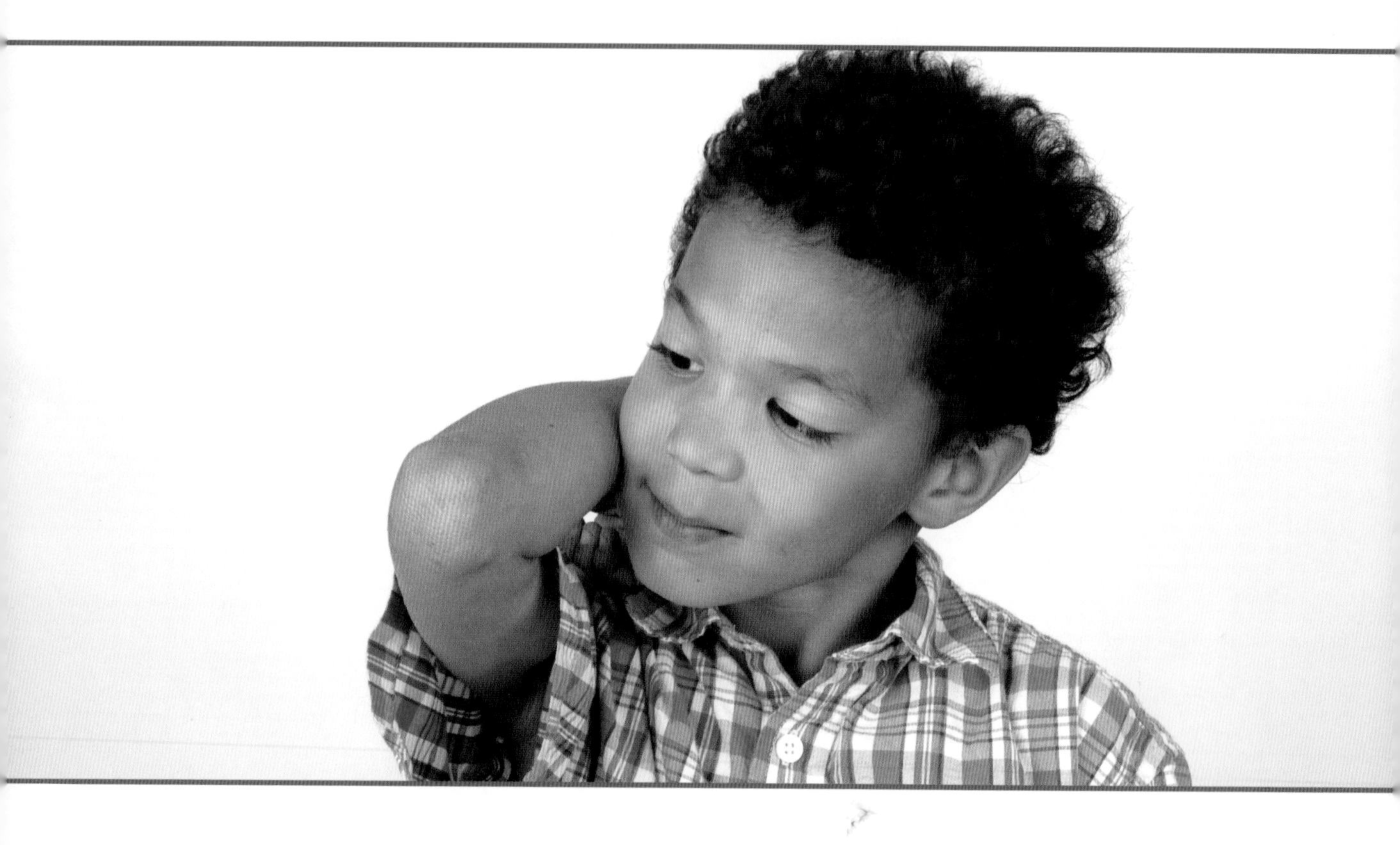

La mayoría de los músculos no se puede ver.

Hay músculos en todo el cuerpo.

Puedes sentir tus músculos.

Puedes ver la forma de algunos músculos.

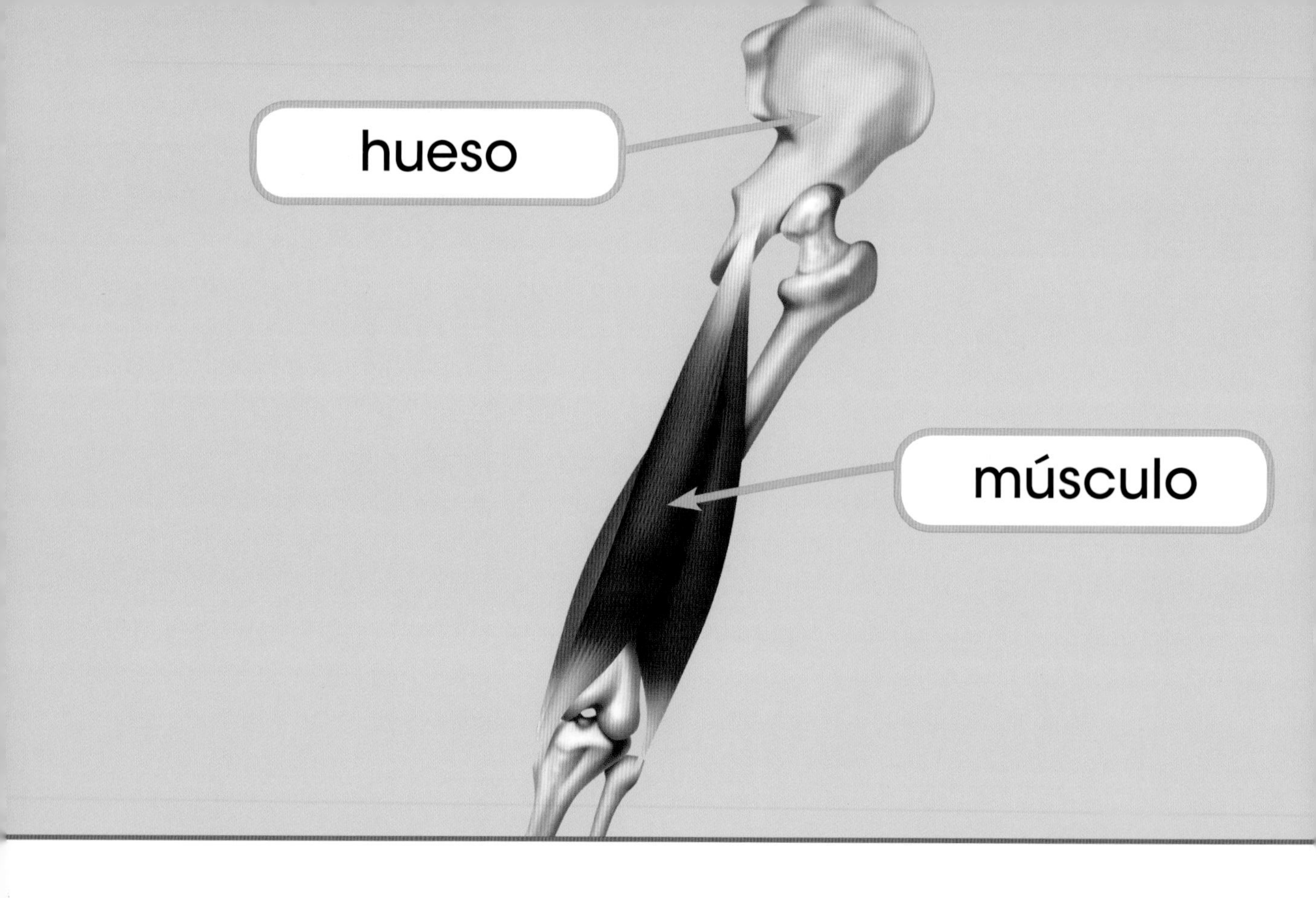

Algunos músculos están unidos a los huesos.

Los músculos tiran de los huesos para que se muevan.

¿Qué hacen los músculos?

Los músculos hacen que el cuerpo se mueva.

Puedes elegir mover algunos músculos.

Algunos músculos permiten que te muevas.

Algunos músculos te permiten sonreír.

Algunos músculos trabajan todo el tiempo.

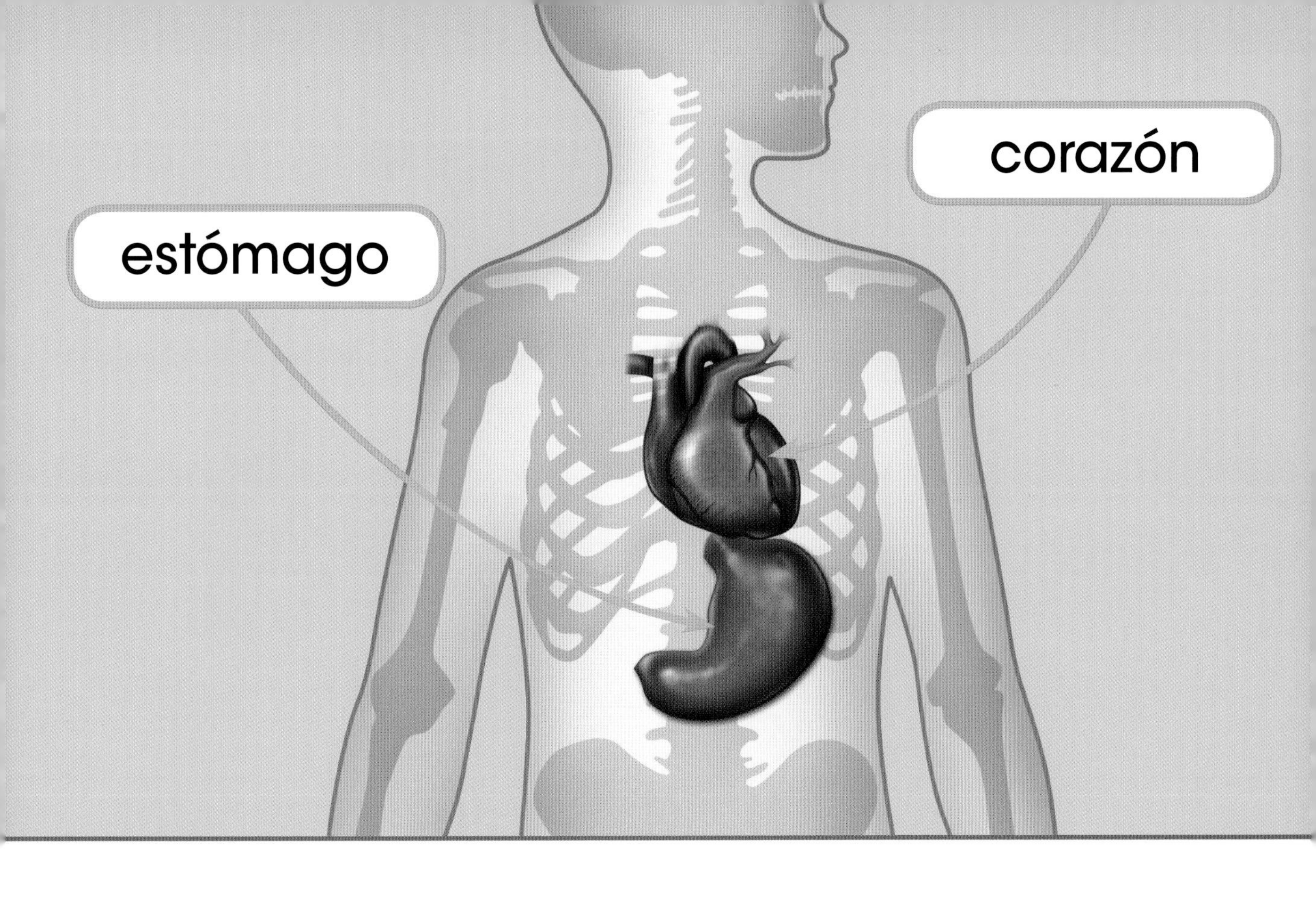

Los músculos del corazón y del estómago trabajan todo el tiempo.

Mantenerse sano

Hacer ejercicio es bueno para los músculos.

Comer alimentos saludables es bueno para los músculos.

Prueba

¿En qué parte de tu cuerpo están los músculos?

Respuesta en la página 24

Glosario ilustrado

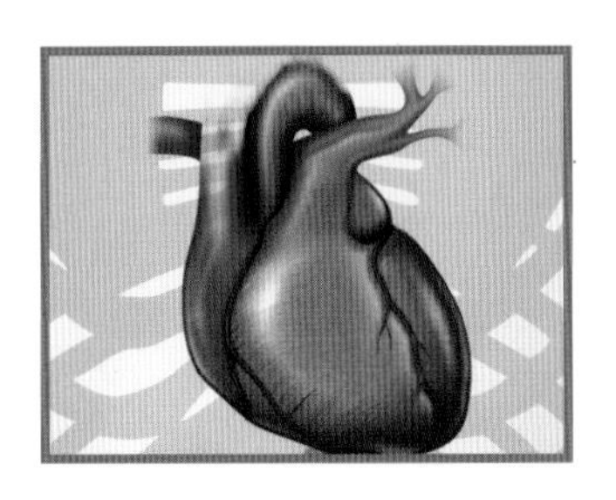

corazón músculo que está dentro de tu pecho. Tu corazón late todo el tiempo para poder bombear sangre a todo tu cuerpo.

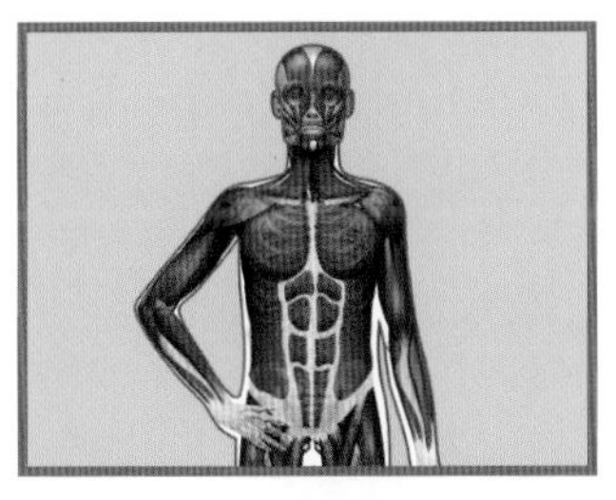

músculos partes elásticas que están dentro de tu cuerpo. Algunos músculos te ayudan a mover el cuerpo.

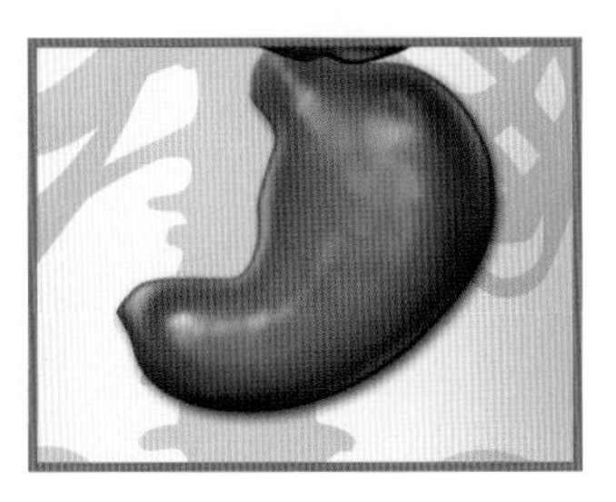

estómago músculo que está dentro de tu cuerpo. Tu estómago descompone los alimentos y los convierte en partes muy pequeñas que tu cuerpo puede usar.

Índice

Respuesta de la prueba de la página 22:
Tus músculos están dentro del cuerpo.

Nota a padres y maestros

Antes de leer

Pida a los niños que nombren las partes del cuerpo que pueden ver. Después, pregúnteles qué partes están dentro de su cuerpo. Haga con los niños una lista de las partes del cuerpo y fíjese si los niños saben para qué sirve cada parte, por ejemplo, el estómago descompone los alimentos. Comente dónde están los músculos y fíjese si alguien sabe para qué sirven.

Después de leer

- Pida a los niños que suban o bajen un escalón varias veces o hagan saltos de tijera durante un minuto (tómeles el tiempo). Cuando se hayan detenido, pregúnteles cómo sienten las piernas. Comente que el ejercicio físico puede hacer que nos duelan los músculos y hable de la importancia de no forzarlos demasiado.
- Organice a los niños en parejas y pídales que cuenten cuántas veces parpadea su compañero en un minuto (tómeles el tiempo). Compare las respuestas y luego explíqueles que hay un músculo en nuestros ojos que nos hace parpadear involuntariamente. Comente por qué necesitamos que este músculo funcione así.